10/08

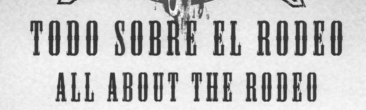

TODO SOBRE EL RODEO
ALL ABOUT THE RODEO

LOS ENLAZADORES DEL RODEO

RODEO ROPERS

Lynn Stone

Rourke
Publishing LLC
Vero Beach, Florida 32964

www.rourkepublishing.com

Photo credits:
Front cover © Eric Limon, back cover © Olivier Le Queinec, all other photos © Tony Bruguiere except page 8 © Fred Whitfield, page 13 © Jim Parkin, page 26 courtesy of the Library of Congress, page 29 © Will LaDuke

Editor: Jeanne Sturm

Cover and page design by Nicola Stratford, Blue Door Publishing

Spanish Editorial Services by Cambridge BrickHouse, Inc.   www.cambridgebh.com

Library of Congress Cataloging-in-Publication Data

Stone, Lynn M.
  Rodeo ropers / Lynn M. Stone.
      p. cm. -- (All about the rodeo)
  Includes index.
  ISBN 978-1-60472-389-2 (hardcover)
  ISBN 978-1-60472-517-9 (hardcover bilingual)
  1. Calf roping--United States--Juvenile literature. 2. Steer roping--United
States--Juvenile literature. I. Title.
  GV1834.45.C34S86 2009
  791.8'40973--dc22
                              2008018785

Printed in the USA

CG/CG

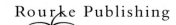

Rourke Publishing

www.rourkepublishing.com – rourke@rourkepublishing.com
Post Office Box 3328, Vero Beach, FL 32964

Contenido
Table Of Contents

Los enlazadores del rodeo / Rodeo Ropers

Los caballos, las sogas y el ganado se ven a menudo en el estadio del rodeo. Son parte de la cultura del rodeo americano, como la tierra, el cuero, las hebillas, las botas y los sombreros de los vaqueros.

Actualmente, en los rodeos profesionales se destacan siete competencias importantes. Dos de estas son competencias de enlace: el lazo doble y el lazo sencillo. En el pasado, la competencia del lazo sencillo se llamaba enlace de becerros. La competencia sigue siendo la misma, solo cambió el nombre.

Horses, ropes, and cattle are no strangers to each other in the rodeo arena. They are as much a part of American rodeo fabric as dirt, leather, buckles, boots, and cowboy hats.

Today's professional rodeos feature seven major events. Two of them are roping events: team roping and tie-down roping. Tie-down roping used to be called calf roping. The event is the same; only the name has changed.

Un domador enlaza un novillo joven y salta de la silla en un solo movimiento.

A rider ropes a young steer and swings down from the saddle in one fluid motion.

  Un enlazador sigue a un becerro a todo galope. Los diferentes rodeos usan ganado joven de diferentes tamaños.

A tie-down roper gallops after a calf. Different rodeos use young cattle of different sizes.

La tercera competencia de enlace, el lazo tirado, suele ser una presentación en los rodeos para jovencitas de secundaria, del colegio o de la universidad. Sin embargo, la Asociación de Mujeres de Rodeo Profesional (WPRA, por sus siglas en inglés) incluye la competencia en las Finales Mundiales de Mujeres. Otra competencia de enlace, enlazar novillos, es una presentación en algunos rodeos para hombres.

A third roping event, breakaway roping, is staged largely as an event for young women in junior high, high school, and collegiate rodeos. However, the Women's Professional Rodeo Association (WPRA) holds a Women's World Finals in the event. Yet another roping contest, steer roping, is staged at a few men's competitions.

Durante el lazo doble, los enlazadores atrapan un novillo.

During team roping, ropers snare a steer.

Las competencias de enlace son contrarreloj. Ganar depende de la rapidez con la que los competidores completan el evento. A diferencia de la doma de toros o broncos, las competencias de enlace se califican en base al tiempo solamente, no al estilo.

Roping events are timed. Winning is dependent upon the speed with which the competitors can complete the event. Unlike the bull riding and bronc riding events, roping events are measured strictly by time, not style.

Con su soga para atar apretada entre sus dientes, un enlazador corre hacia un becerro.

Pigging string clenched in his teeth, a tie-down roper rushes toward a calf.

Con una tirada perfecta, un vaquero enlaza un becerro veloz.

With a perfect pitch, a cowboy ropes a speeding calf.

El lazo sencillo / Tie-Down Roping

Durante la competencia del lazo sencillo, el enlazador y su caballo trabajan en equipo para enlazar un becerro veloz. La competencia comienza cuando liberan el becerro y este entra al estadio. Inmediatamente después de que el becerro empiece a correr, el vaquero y su caballo lo persiguen y lo alcanzan rápidamente.

Con gran proeza, el vaquero tira un lazo alrededor del becerro y detiene su caballo rápidamente. Mientras se desmonta de su caballo, el vaquero da un jalón y tensa el lazo que está amarrado al **pomo** de la silla. Si el becerro atado corre hacia el caballo, el caballo dará unos pasos hacia atrás para mantener el lazo tensado.

Tie-down roping features a rider working with his horse, as a team, to rope a running calf. The event begins with the release of a calf into the arena. Immediately after the calf bolts into view, the cowboy and his horse chase and quickly overtake it.

With great skill, the galloping cowboy tosses a rope loop around the calf's neck and brings his horse to a quick stop. As he swings down from the horse, the cowboy, with a single motion, pulls up any slack in the rope, one end of which is attached to the **saddle horn**. If the caught calf happens to run toward the horse, the horse will step back, keeping the rope tight.

El vaquero corre hacia el becerro, que suele estar parado. Si no, el vaquero debe esperar hasta que el becerro se pare. El vaquero tira el becerro al suelo y ata tres de sus patas con una **soga para atar**. Cuando termina de atarlo, el enlazador levanta sus manos para indicar que ha terminado su corrida. Mientras tanto, el caballo cambia su posición para que el lazo esté tensado de tal forma que no arrastre al becerro.

On foot, the cowboy rushes to the calf. The calf is usually upright, but if not, the cowboy must wait for the calf to stand. The cowboy throws the calf to the ground and ties any of its three legs together with a **pigging string**. Tying complete, the roper raises his hands in the air to signal that he has finished the run. Meanwhile, the horse has adjusted its stance so that the rope stays just taut enough from saddle to calf so that it never drags the calf.

Mientras va montado, el vaquero agarra la soga para atar, una soga pequeña, entre sus dientes.

While riding, the cowboy grips the pigging string, a short, looped rope, in his teeth.

Un vaquero ata tres patas del becerro con soga para atar.

A cowboy wraps pigging string around three legs of the calf.

El enlazador regresa a su caballo y afloja el lazo. La competencia requiere que el becerro se mantenga atado durante un mínimo de seis segundos. Si no, el enlazador no gana puntos por la corrida. Las corridas ganadoras suelen tomar entre 8 y 9 segundos.

The roper returns to his horse and creates slack in the rope. The event requires that the calf remain tied for at least six seconds. If not, the roper earns no credit for the run. Best winning times usually take 8 to 9 seconds.

El lazo doble / Team Roping

Durante la competencia del lazo doble, dos vaqueros trabajan juntos para tirar sus lazos y atrapar un novillo.

Los enlazadores comienzan su corrida a caballo desde áreas llamadas **cajas** que están al lado del estadio. Primero, el becerro sale corriendo desde el **brete** que está ubicado entre las cajas de los caballos.

Team roping involves a pair of cowboys working closely together to catch a horned steer with thrown ropes.

Team ropers start their run on horseback from holding areas called **boxes** at the edge of the rodeo arena. First, the steer rushes into the arena from a **chute** located between the horse boxes.

Durante el lazo doble, un enlazador sale como un cohete de la caja al estadio tras un novillo.

A team roper in pursuit of a steer bolts from the box into the arena.

Uno de los dos enlazadores que va montado a caballo es el **cabecero**. El otro es el **talonero**. El cabecero va un poco más adelante del talonero. El trabajo del cabecero es ser el primero en enlazar el novillo y hacerlo a través de uno de los tres métodos permitidos. Su reata (soga) puede enlazar ambos cuernos del novillo, el cuello del animal o uno de los cuernos y la cabeza. Si el lazo termina en cualquier otra parte, como el hocico del novillo, la corrida es **descalificada**.

One of the two mounted ropers is the **header**. The other is the **heeler**. The header rides slightly ahead of the heeler. The header's job is to rope the steer first and to do so by one of three legal methods. His lariat (rope) can loop around both steer horns, around the animal's neck, or around one horn and the head. If the rope catches any other part, such as the steer's nose, the run is **disqualified**.

Durante el lazo doble, los enlazadores deben enlazar partes específicas del novillo.

During team roping, ropers must loop their ropes around specific parts on the steer.

Después del enlace, el cabecero guía al becerro para que se gire de tal forma que sus patas traseras queden expuestas al talonero. Desde su caballo, el talonero debe enlazar las patas traseras del novillo. Si el talonero enlaza solo una pata trasera, el equipo recibe una penalización de 5 segundos.

After the catch, the header maneuvers the steer to turn its hind legs toward the heeler. From horseback, the heeler must then loop the steer's two hind legs. If the heeler catches just one hind leg with his rope, the team is charged with a penalty of 5 seconds.

Un cabecero enlaza un novillo.

A header ropes a steer.

Después de que el cabecero lo enlaza, el novillo sigue dando patadas con sus patas traseras. Eso le permite al talonero colocar la soga debajo de las patas traseras del novillo. El talonero lleva una soga muy dura con un lazo. Idealmente, un talonero enlaza desde una distancia muy corta, tal vez unos 6 pies (1.8 metros) desde sus brazos hasta las patas del novillo.

The steer is still kicking its hind legs after being roped by the header. That allows the heeler to flip the rope under the steer's hind feet. The heeler is assisted by a very stiff, looped rope. Ideally, a heeler makes the catch from a very short distance, perhaps 6 feet (1.8 meters) from his arms to the steer's feet.

Un talonero enlaza las patas traseras de un novillo que lleva equipo protector sobre su cabeza.

A heeler ropes the hind legs of a kicking steer wearing protective head gear.

Después de que el talonero enlaza las patas traseras del novillo, los caballos dan unos pasos hacia atrás para tensar la soga. El reloj se detiene en cuanto los caballos se paran cara a cara. Los mejores equipos del lazo doble terminan en 5 ó 6 segundos.

After the heeler ropes the steer's hind legs, the horses step back to remove any remaining rope slack. The clock stops as soon as the horses stop and face each other. The best team ropers finish in 5 to 6 seconds.

Un cabecero y un talonero se colocan en la posición final al terminar su corrida.

A heeler and a header jockey for final position at the end of a roping run.

Una vaquera le tira la soga a un novillo veloz, que lleva su cabeza protegida.

A cowgirl casts a rope toward a running steer, its head protected by padding.

Los domadores / The Riders

La mayoría de las competencias del lazo sencillo y del lazo doble son para hombres, especialmente a nivel profesional. Cada año, la Asociación de Vaqueros de Rodeo Profesional (PRCA, por sus siglas en inglés) auspicia las competencias finales. La WPRA no lleva a cabo tantas competencias de enlace para mujeres como lo hace la PRCA para hombres. Sin embargo, la WPRA elige campeonas en ambas competencias durante las finales nacionales.

Most tie-down and team roping events are for men, especially at the professional level. The Professional Rodeo Cowboys Association (PRCA) holds championship finals for the events each year. The WPRA does not schedule as many roping events for its women members as the PRCA does for men. However, the WPRA crowns champions in both events at its national finals.

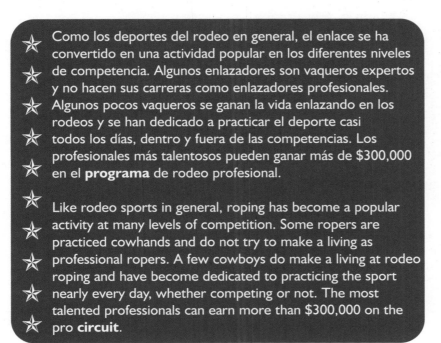

Como los deportes del rodeo en general, el enlace se ha convertido en una actividad popular en los diferentes niveles de competencia. Algunos enlazadores son vaqueros expertos y no hacen sus carreras como enlazadores profesionales. Algunos pocos vaqueros se ganan la vida enlazando en los rodeos y se han dedicado a practicar el deporte casi todos los días, dentro y fuera de las competencias. Los profesionales más talentosos pueden ganar más de $300,000 en el **programa** de rodeo profesional.

Like rodeo sports in general, roping has become a popular activity at many levels of competition. Some ropers are practiced cowhands and do not try to make a living as professional ropers. A few cowboys do make a living at rodeo roping and have become dedicated to practicing the sport nearly every day, whether competing or not. The most talented professionals can earn more than $300,000 on the pro **circuit**.

Entre los héroes de la historia del lazo sencillo se encuentran Mike Johnson y Roy Cooper. La carrera de Cooper incluye un total de ocho premios mundiales en las categorías de lazo sencillo, enlace de novillos y campeón absoluto del rodeo.

Among the giants of tie-down roping history are Mike Johnson and Roy Cooper. Cooper's work includes a combined eight world titles in tie-down roping, steer roping, and all-around rodeo champion.

Los mejores enlazadores pueden ganarse la vida compitiendo.

The best ropers can make a living by competing.

Junto con su ex compañero Speed Williams, Rich Skelton ha ganado ocho campeonatos mundiales en la categoría de lazo doble. Recientemente, Skelton empezó a competir con uno de los mejores campeones absolutos del rodeo, Trevor Brazile. Los hermanos Camarillo, Leo y Jerold, quienes juntos ganaron seis campeonatos mundiales, fueron otro equipo de enlazadores legendarios.

Rich Skelton has won eight world champion titles in team roping along with his former partner, Speed Williams. More recently, Skelton began competing with one of rodeo's greatest all-around champions, Trevor Brazile. The Camarillo brothers, Leo and Jerold, who won six world titles together, were another legendary roping team.

Los enlazadores profesionales siguen un programa, presentándose en varios rodeos durante el año.

Pro ropers follow a rodeo circuit, appearing at several rodeos during the year.

Los caballos / The Horses

La mayoría de los caballos de los eventos de rodeo son caballos cuarto de milla. Los caballos cuarto de milla se criaron hace más de 100 años. Los rancheros del Oeste se dieron cuenta de que necesitaban un caballo robusto, ágil y rápido para trabajar en los ranchos. Además, necesitaban un caballo que tuviera buenos **instintos para el ganado**.

De alguna forma, la **raza** ideal debería tener los instintos para arrear, perseguir y **separar** el ganado. Las personas del Oeste criaron el caballo cuarto de milla cruzando caballos veloces del Este de Estados Unidos (llamados corredores de cuarto de milla) con caballos salvajes españoles del Oeste.

Most of the horses in rodeo events are American quarter horses. Quarter horses were developed more than 100 years ago. Western cattlemen discovered that they needed a sturdy, agile, and quick horse for ranching. In addition, they needed a horse with good **cow sense**. Somehow, the ideal **breed** would need to have keen instincts to deal with herding, chasing, and **cutting** cattle. The Westerners developed the quarter horse by crossing fast horses (called quarter-milers) from the eastern United States with Spanish mustangs from the West.

Después de que los exploradores españoles los trajeran a Norteamérica, algunos caballos escaparon y se convirtieron en los caballos salvajes del Oeste de EE. UU.

After having been brought to North America by Spanish explorers, escaped mustangs became the wild horses of the American West.

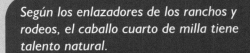

Según los enlazadores de los ranchos y rodeos, el caballo cuarto de milla tiene talento natural.

According to ranch and rodeo ropers, the quarter horse has natural talent.

El caballo y el domador trabajan en equipo para cumplir su tarea rápidamente.

Horse and rider work as a team to accomplish their task quickly.

Hoy en día, el caballo cuarto de milla es un caballo inteligente, robusto y muy versátil. Se ha ganado el título de la raza más popular de América, desempeñando sus múltiples papeles en los ranchos. El caballo cuarto de milla nació con buenos instintos para el ganado y más.

Today, the quarter horse is an intelligent, compact, and highly versatile horse. It has earned its title of the most popular breed in America while fulfilling its many roles on working ranches. The quarter horse came with cow sense and more.

Una de las cualidades más impresionantes del caballo cuarto de milla es su habilidad para comenzar y detenerse rápidamente. Es precisamente por esta habilidad que es tan apreciado por los vaqueros y las vaqueras de los rodeos.

En las competencias de lazo doble, los caballos de los cabeceros suelen ser más altos y más pesados que los de los taloneros. El cabecero necesita suficiente fuerza para hacer girar el novillo. El enfoque de los taloneros es la velocidad y agilidad.

One of the quarter horse's most impressive qualities is its ability to start fast and stop quickly. That ability has endeared it to rodeo cowboys and cowgirls.

In team roping, heading horses are usually taller and heavier than heelers. The header needs plenty of strength to turn a steer. Heelers emphasize speed and agility.

Un joven novillo corre lo más rápido posible para evitar ser enlazado.

A young steer runs its fastest to avoid being roped.

25

Historia del enlace en el rodeo / The History of Rodeo Roping

En su mayoría, los eventos deportivos del rodeo tuvieron su origen en las tareas reales de los vaqueros. Enlazar becerros y novillos son ejemplos.

Los ranchos en el antiguo Oeste no estaban cercados. El ganado podía pastar en cientos de millas cuadradas de terreno. Dado que no solía haber mucha vegetación, el ganado tenía que vagar para encontrar suficiente comida. Sin embargo, al final los rancheros tenían que acorralar el ganado. Solo así, los trabajadores de los ranchos podían **marcar** los becerros y arrear su ganado a los mercados.

Rodeo sporting events originated largely from the real tasks of cowboys. Calf and steer roping are perfect examples.

Ranches of the Old West were unfenced. Cattle were free to graze over hundreds of square miles of open land. Because vegetation was often sparse, cattle had to roam to find sufficient food. Eventually, of course, ranchers had to round up the cattle. Only then could the ranch hands **brand** calves and herd their beef cattle to market.

Los vaqueros montaban a caballo durante todas las estaciones para buscar y arrear el ganado.

Cowboys rode the open range in all seasons to find and herd cattle.

Un vaquero levanta un pequeño becerro enlazado antes de tirarlo al suelo y atarlo.

A cowboy lifts a small, roped calf before downing and tying it.

Acorralar el ganado requería las destrezas de vaqueros a caballo. Montar y enlazar eran las destrezas esenciales de un vaquero. Enlazar era la única forma práctica de reunir el ganado esparcido. Enlazar también era necesario para separar a los animales de la manada y marcarlos.

Finalmente, los camiones y el alambre de púas simplificaron las tareas en los ranchos. Sin embargo, algunos ranchos aun dependen de los vaqueros a caballo y sus reatas para cuidar de las manadas de ganado. Es probable que de una forma u otra, los ranchos siempre dependan de los caballos, los domadores y los lazos. ¡De seguro que los rodeos siempre dependerán de estos!

Cattle roundups required the skills of cowhands on horseback. Riding and roping were essential cowboy skills. Roping was the only practical way to collect wayward cattle and calves. Roping was also necessary to cut animals from the herd for branding.

Trucks and barbed wire eventually simplified range duties. Nevertheless, some ranches still depend upon mounted cowboys and their lariats to help maintain cattle herds. It is likely that cattle ranches will always depend upon horses, riders, and ropes to some extent. It is a *sure* thing that rodeos will!

Los enlazadores más diestros de hoy día aparecen en los estadios de rodeo.

The most skillful ropers today are in rodeo arenas.

Glosario / Glossary

cabecero: un vaquero a caballo que enlaza la cabeza de un novillo durante una competencia de lazo doble

header (HED-ur): a mounted cowboy who ropes a steer's head during a rodeo team roping competition

cajas: las áreas de espera para los caballos y los enlazadores al lado del estadio de rodeo

boxes (BOKS-iz): the holding places for horses and riders at the edge of a rodeo arena

brete: un espacio angosto con cercas altas en donde los animales pueden estar solos y separados de otros animales

chute (SHOOT): a tight, high-sided space in which individual animals can be contained and kept apart from each other

descalificado(a): que no tiene derecho a participar en un evento

disqualified (diss-KWOL-uh-fide): to have been ruled ineligible for an event

instintos para el ganado: la habilidad que ciertos caballos tienen de anticipar el comportamiento del ganado vacuno

cow sense (KOU SENSS): the instinct of certain horses to anticipate the behavior of cattle

marcar: colocar el sello de propiedad en el ganado con un pedazo de hierro caliente

brand (BRAND): to place an ownership stamp on livestock with a heated branding iron

pomo: la manija en la parte superior de la silla que el jinete puede agarrar

saddle horn (SAD-uhl HORN): the knob that a rider can grasp on the upper front of the saddle

programa: una serie de presentaciones de rodeo en diferentes pueblos

circuit (SUR-kit): the ongoing schedule of rodeo events in different towns

raza: un tipo de animal domesticado en particular que está dentro de y relacionado con un grupo más grande, así como el caballo cuarto de milla es parte del grupo de caballos

breed (BREED): a particular kind of domestic animal within a larger, closely-related group, such as a quarter horse within the horse group

separar: cuando un vaquero a caballo aleja a una de las vacas de la manada

cutting (KUHT-ing): the act of a cowboy on horseback removing a cow from the rest of a herd

soga para atar: una soga corta que se usa para atar las patas del ganado

pigging string (PIG-ing STRING): the short rope used to tie the feet of livestock

talonero: un vaquero a caballo que enlaza las patas traseras de un novillo durante una competencia de lazo doble

heeler (HEEL-ur): a mounted cowboy who ropes a steer's hind legs during a rodeo team roping competition

Lecturas adicionales / Further Reading

¿Quieres aprender más sobre los rodeos? ¡Los siguientes libros y sitios web son un buen punto de partida!

Want to learn more about rodeos? The following books and websites are a great place to start!

Libros / Books

Ehringer, Gavin. *Rodeo Legends: 20 Extraordinary Athletes of America's Sport.* Western Horseman, 2003.

Gabbert, Lisa. *An American Rodeo: Riding and Roping.* Rosen, 2003.

Sherman, Josepha. *Steer Wrestling and Roping.* Heinemann, 2001.

Sitios web / Websites

http://www.wpra.com

http://prorodeo.org

www.RopersOnly.com

www.nlbra.com

Índice / Index

Sobre el autor / About the Author

Lynn M. Stone es fotógrafo, conocido mundialmente por sus fotos de la fauna y la flora y de animales domésticos. Es también autor de más de 500 libros para niños. Su libro *Box Turtles* fue nombrado "El libro de ciencias más destacado" y "Elección de los selectores 2008" por el Comité de Ciencias del *National Science Teachers' Association* y el *Children's Book Council*.

Lynn M. Stone is a world-reknowned wildlife and domestic animal photographer. He is also the author of more than 500 children's books. His book *Box Turtles* was chosen as an "Outstanding Science Trade Book" and "Selectors' Choice for 2008" by the Science Committee of the National Science Teachers' Association and the Children's Book Council.